koulu - xue xiao	2
matka - lü xing	5
kuljetus - jiao tong yun shu	8
kaupunki - cheng shi	10
maisema - di xing	14
ravintola - can guan	17
supermarketti - chao shi	20
juomat - yin liao	22
ruoka - shi wu	23
maatila - nong chang	27
talo - fang zi	31
olohuone - ke ting	33
keittiö - chu fang	35
kylpyhuone - yu shi	38
lastenhuone - er tong fang	42
vaatteet - yi fu	44
toimisto - ban gong shi	49
talous - jing ji	51
ammatit - zhi ye	53
työkalut - gong ju	56
soittimet - yue qi	57
eläintarha - dong wu yuan	59
urheilu - ti yu	62
aktiviteetit - huo dong	63
perhe - jia	67
vartalo - shen ti	68
sairaala - yi yuan	72
hätätilanne - jin ji qing kuang	76
maa - di qiu	77
kello - zhong biao	79
viikko - zhou	80
vuosi - nian	81
muodot - xing zhuang	83
värit - yan se	84
vastakohdat - fan yi ci	85
numerot - shu zi	88
kielet - yu yan	90
kuka / mitä / miten - shei / shen me / zen yang	91
missä - fang wei	92

Impressum
Verlag: BABADADA GmbH, Nedderfeld 112 , 22529 Hamburg
Geschäftsführer / Verlagsleitung: Harald Hof
Druck: Books on Demand GmbH, In de Tarpen 42, 22848 Norderstedt

Imprint
Publisher: BABADADA GmbH, Nedderfeld 112 , 22529 Hamburg, Germany
Managing Director / Publishing direction: Harald Hof
Print: Books on Demand GmbH, In de Tarpen 42, 22848 Norderstedt

koulu
xue xiao

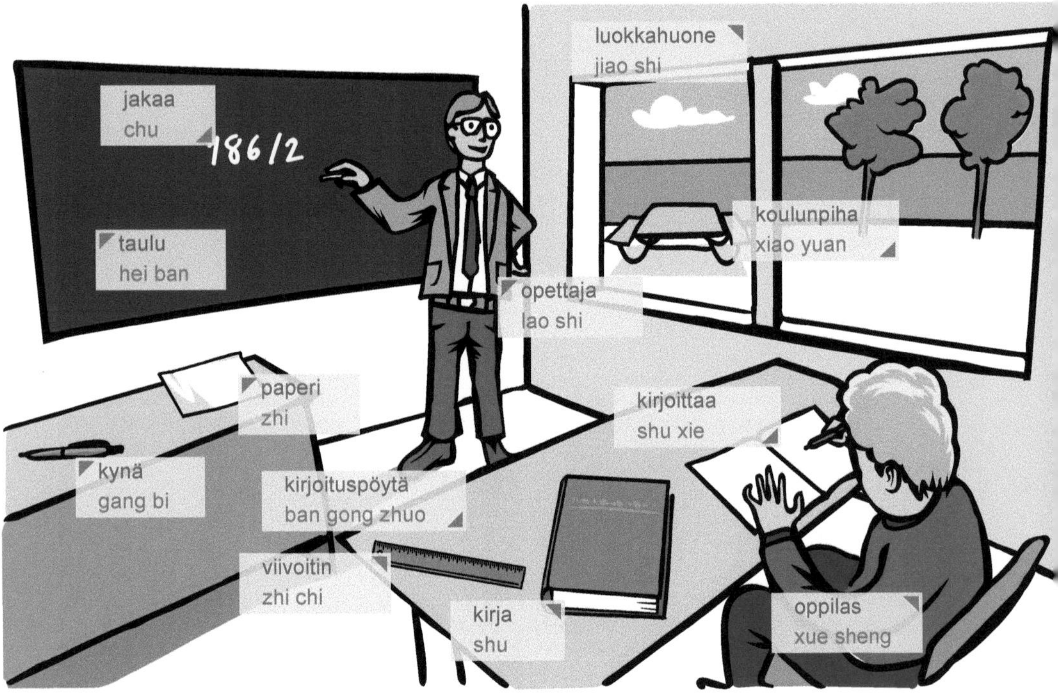
luokkahuone
jiao shi
jakaa
chu
186/2
taulu
hei ban
koulunpiha
xiao yuan
opettaja
lao shi
paperi
zhi
kirjoittaa
shu xie
kynä
gang bi
kirjoituspöytä
ban gong zhuo
viivoitin
zhi chi
kirja
shu
oppilas
xue sheng

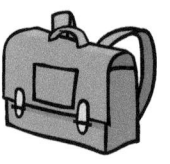

reppu

shu bao

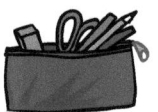

penaali

qian bi he

lyijykynä

qian bi

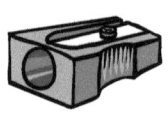

kynänteroitin

juan bi dao

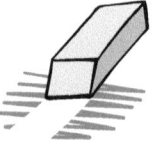

pyyhekumi

xiang pi ca

piirustuslehtiö

hua ban

piirustus

tu hua

pensseli

hua bi

vesivärit

yan liao he

sakset

jian dao

liima

jiao shui

harjoituskirja

lian xi ce

kotitehtävä

jia ting zuo ye

luku

shu zi

lisätä

jia

vähentää

jian

kertoa

cheng

laskea

ji suan

kirjain

zi mu

aakkoset

zi mu biao

sana

zi

teksti

ke wen

lukea

du

liitu

fen bi

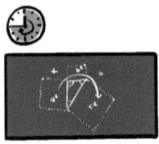

oppitunti

shang ke

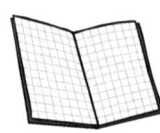

opettajan muistikirja

deng ji

koe

kao shi

todistus

zheng shu

koulupuku

xiao fu

koulutus

jiao yu

sanakirja

bai ke quan shu

yliopisto

da xue

mikroskooppi

xian wei jing

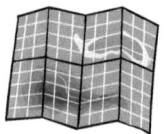

kartta

di tu

roskakori

fei zhi kuang

matka
lü xing

hotelli
jiu dian
Grand
retkeilymaja
qing nian lü xing she
rahanvaihto
wai bi dui huan chu
matkalaukku
shou ti xiang
auto
qi che

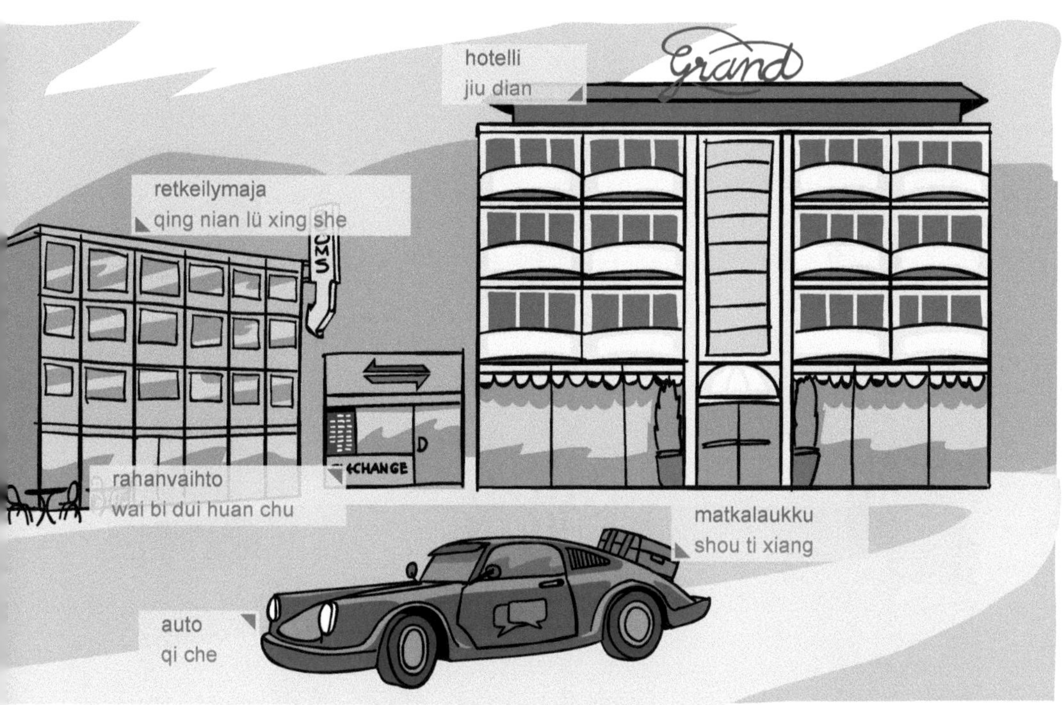

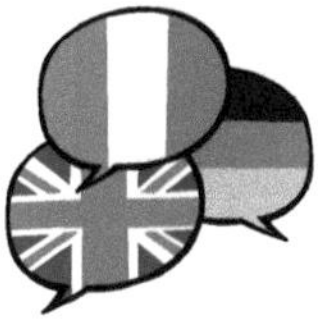

kieli

yu yan

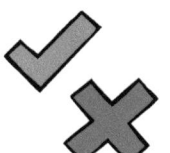

kyllä / ei

shi/fou

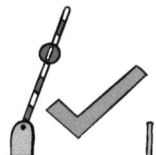

selvä

hao de

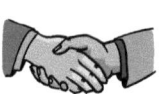

hei

nin hao

tulkki

fan yi yuan

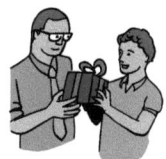

kiitos

xie xie

Paljonko...maksaa?

......duo shao qian?

en ymmärrä

wo bu ming bai

ongelma

wen ti

Hyvää iltaa!

wan shang hao!

Hyvää huomenta!

zao shang hao!

Hyvää yötä!

wan an!

näkemiin

zai jian

suunta

fang xiang

matkatavarat

xing li

laukku

bao

reppu

shuang jian bao

vieras

ke ren

huone

fang jian

makuupussi

shui dai

teltta

zhang peng

turisti-info

lü you xin xi

ranta

hai tan

luottokortti

xin yong ka

aamupala

zao can

lounas

wu can

päivällinen

wan can

matkalippu

piao

hissi

dian ti

postimerkki

you piao

raja

bian jie

tulli

hai guan

suurlähetystö

da shi guan

viisumi

qian zheng

passi

hu zhao

kuljetus

jiao tong yun shu

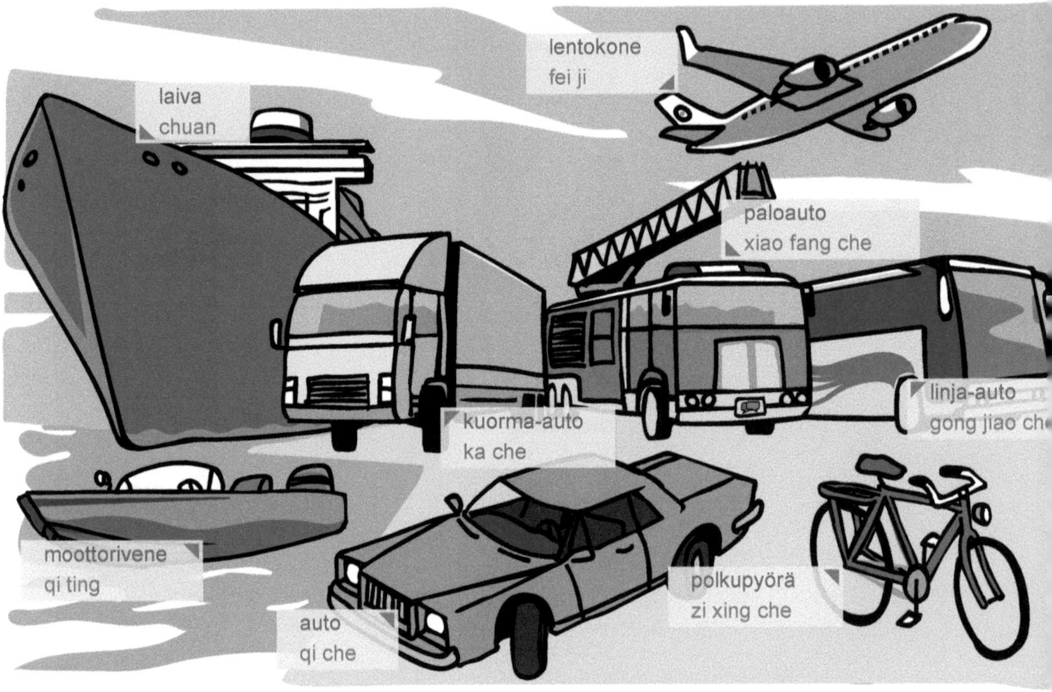

lentokone
fei ji
laiva
chuan
paloauto
xiao fang che
linja-auto
gong jiao ch
kuorma-auto
ka che
moottorivene
qi ting
polkupyörä
zi xing che
auto
qi che

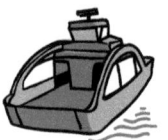

lautta

bai du chuan

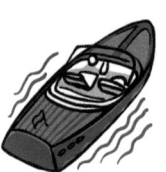

vene

xiao chuan

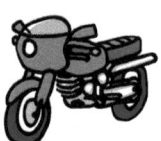

moottoripyörä

mo tuo che

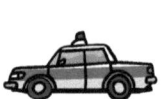

poliisiauto

jing che

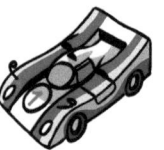

kilpa-auto

sai che

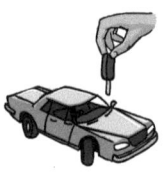

vuokra-auto

zu che

car sharing

pin che

hinausauto

tuo che

roska-auto

la ji che

moottori

fa dong ji

polttoaine

qi you

huoltoasema

jia you zhan

liikennemerkki

jiao tong biao zhi

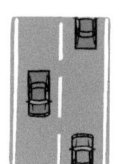

liikenne

jiao tong

ruuhka

jiao tong du sai

parkkipaikka

ting che chang

rautatieasema

huo che zhan

raiteet

gui dao

juna

huo che

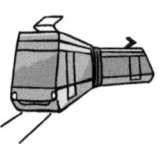

raitiovaunu

dian che

vaunu

huo che

helikopteri

zhi sheng ji

lentokenttä

ji chang

lähilennonjohto

ta

matkustaja

cheng ke

kontti

ji zhuang xiang

pahvilaatikko

zhi ban xiang

kärryt

shou tui che

kori

lan zi

nousta / laskea

qi fei/jiang luo

kaupunki

cheng shi

kylä

cun zhuang

keskusta

shi zhong xin

talo

fang zi

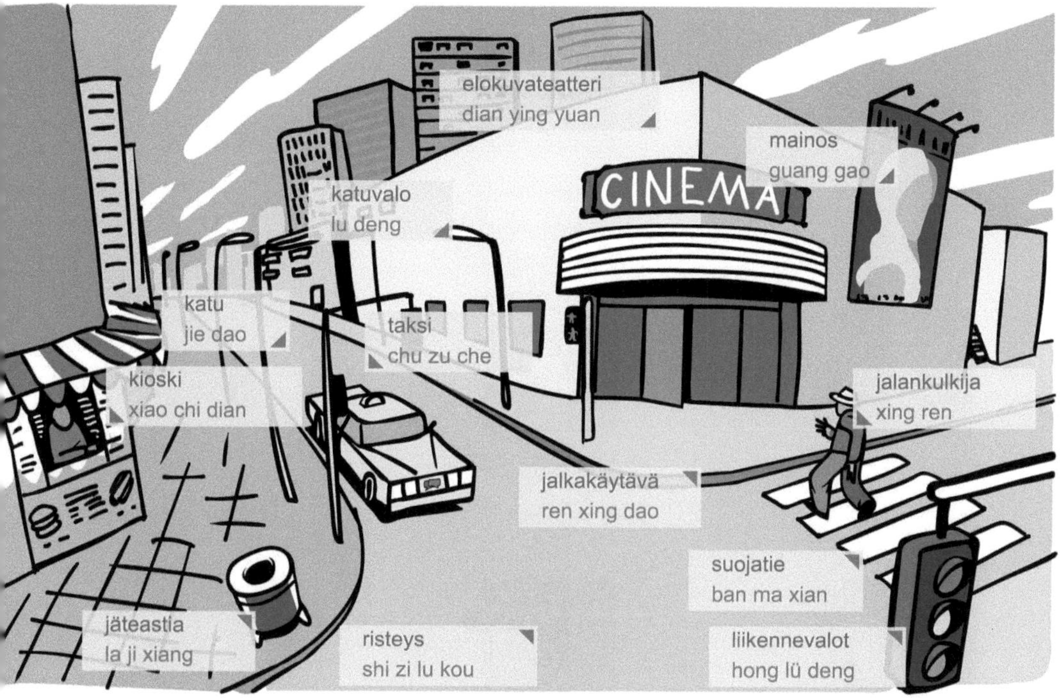

elokuvateatteri
dian ying yuan

mainos
guang gao

katuvalo
lu deng

CINEMA

katu
jie dao

taksi
chu zu che

kioski
xiao chi dian

jalankulkija
xing ren

jalkakäytävä
ren xing dao

suojatie
ban ma xian

jäteastia
la ji xiang

risteys
shi zi lu kou

liikennevalot
hong lü deng

mökki

xiao wu

kerrostalo

gong yu

rautatieasema

huo che zhan

kaupungintalo

shi zheng ting

museo

bo wu guan

koulu

xue xiao

yliopisto

da xue

pankki

yin hang

sairaala

yi yuan

hotelli

jiu dian

apteekki

yao fang

toimisto

ban gong shi

kirjakauppa

shu dian

liike

shang dian

kukkakauppa

hua dian

supermarketti

chao shi

tori

shi chang

tavaratalo

bai huo shang dian

kalakauppias

yu dian

ostoskeskus

gou wu zhong xin

satama

hai gang

puisto

gong yuan

penkki

chang deng

silta

qiao

portaat

lou ti

metro

di tie

tunneli

sui dao

linja-autopysäkki

gong jiao che zhan

baari

jiu ba

ravintola

can guan

postilaatikko

you tong

katukyltti

lu biao

parkkimittari

ting che ji shi qi

eläintarha

dong wu yuan

uimala

you yong guan

moskeija

qing zhen si

maatila

nong chang

ympäristön saastuminen

wu ran

hautausmaa

mu di

kirkko

jiao tang

leikkikenttä

cao chang

temppeli

si miao

maisema

di xing

lehti
shu ye

tienviitta
zhi shi pai

tie
lu

niitty
cao di

kivi
shi tou

puu
shu

retkeilijä
tu bu lü xing zhe

joki
he

ruoho
cao

kukka
hua

laakso

xia gu

vuori

shan

järvi

hu

metsä

sen lin

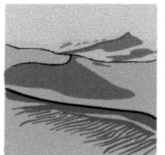

aavikko

sha mo

tulivuori

huo shan

linna

cheng bao

sateenkaari

cai hong

sieni

mo gu

palmu

zong lü shu

hyttynen

wen zi

kärpänen

cang ying

muurahainen

ma yi

mehiläinen

mi feng

hämähäkki

zhi zhu

kovakuoriainen

jia chong

sammakko

qing wa

orava

song shu

siili

ci wei

jänis

ye tu

pöllö

mao tou ying

lintu

niao

joutsen

tian e

villisika

ye zhu

peura

lu

hirvi

mi lu

pato

shui ba

tuulimylly

feng li fa dian ji

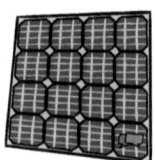

aurinkopaneeli

tai yang neng dian chi ban

ilmasto

qi hou

ravintola
can guan

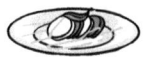

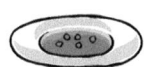

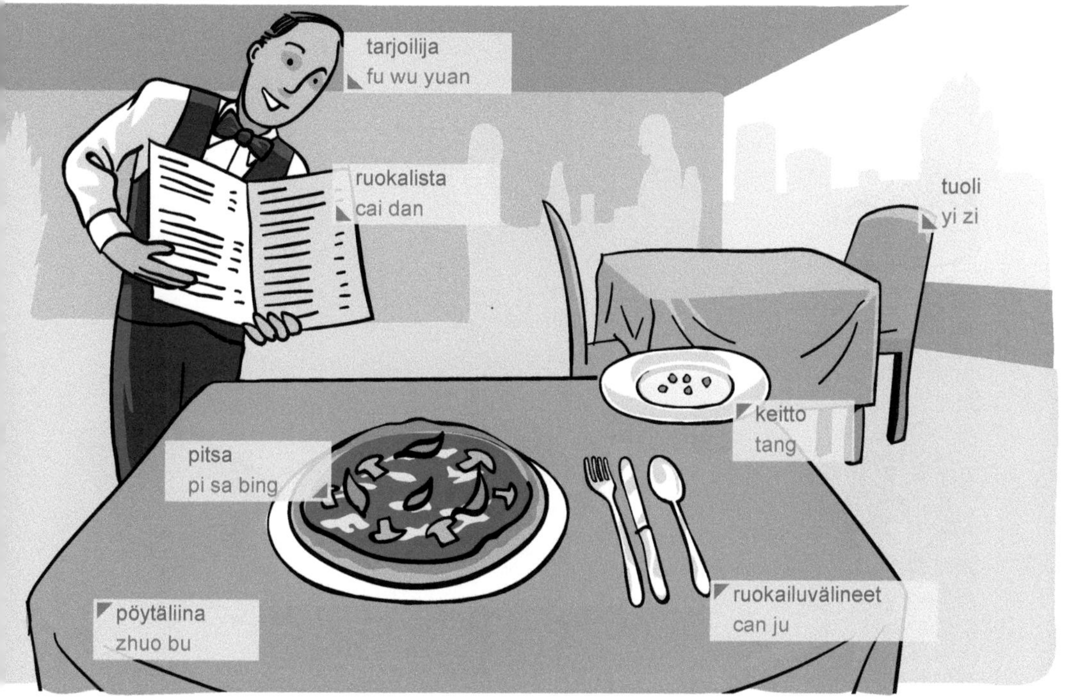

tarjoilija
fu wu yuan
ruokalista
cai dan
tuoli
yi zi
keitto
tang
pitsa
pi sa bing
pöytäliina
zhuo bu
ruokailuvälineet
can ju

alkuruoka

qian cai

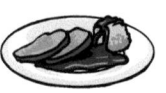

pääruoka

zhu cai

jälkiruoka

tian dian

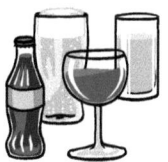

juomat

yin liao

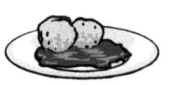

ruoka

shi wu

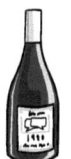

pullo

ping zi

pikaruoka

kuai can

katuruoka

jie bian xiao chi

teekannu

cha hu

sokeriastia

tang he

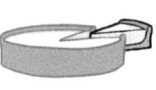

annos

yi fen fan cai

espressokeitin

yi shi ka fei ji

syöttötuoli

gao jiao yi

lasku

zhang dan

tarjotin

tuo pan

veitsi

dao

haarukka

can cha

lusikka

shao zi

teelusikka

cha chi

servietti

can jin

lasi

bo li bei

lautanen
die zi

syvä lautanen
tang pan

aluslautanen
die zi

kastike
jiang

suolasirotin
yan ping

pippurimylly
hu jiao mo

etikka
cu

öljy
shi yong you

mausteet
tiao wei liao

ketsuppi
fan qie jiang

sinappi
jie mo

majoneesi
dan huang jiang

supermarketti

chao shi

tarjous
te jia
FOR
asiakas
gu ke
maitotuotteet
ru zhi pin
hedelmät
shui guo
ostoskärryt
gou wu che

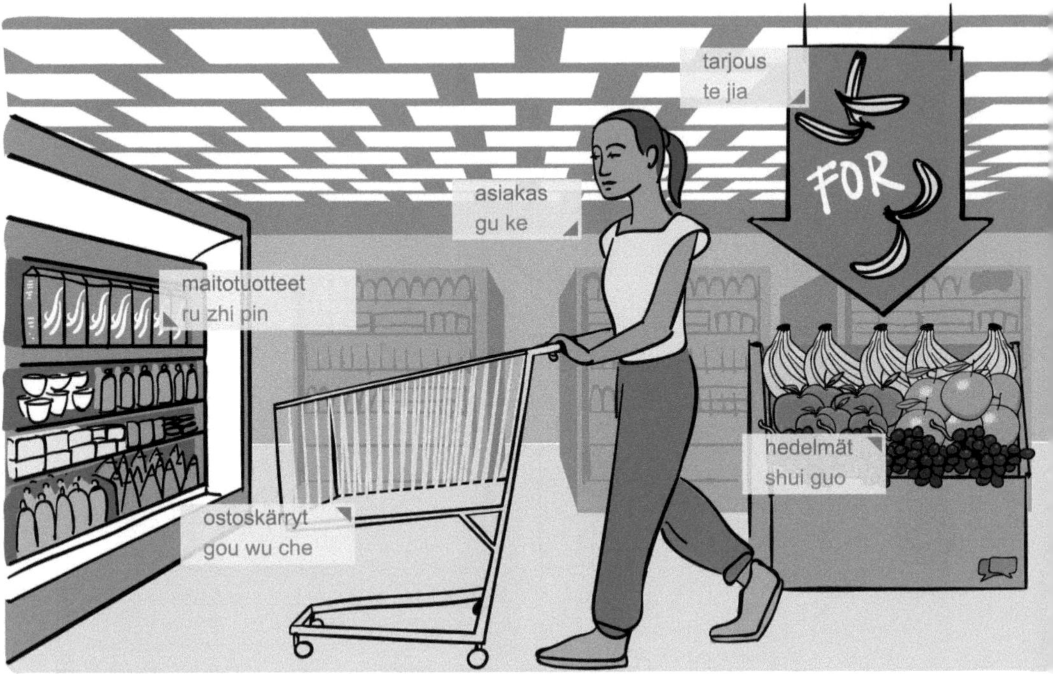

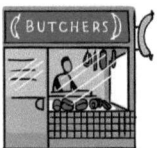

BUTCHERS

teurastamo

rou pu

BAKERY

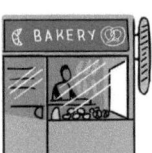

leipomo

mian bao fang

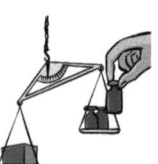

punnita

cheng zhong

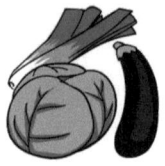

kasvikset

shu cai

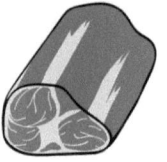

liha

rou

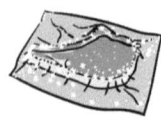

pakasteet

leng dong shi pin

leikkele

leng pan

säilykkeet

guan tou shi pin

pesujauhe

xi yi fen

makeiset

tian shi

kotitaloustarvikkeet

ri yong pin

puhdistusaineet

qing jie yong pin

myyjä

xiao shou yuan

kassa

shou yin ji

kassanhoitaja

shou yin yuan

ostoslista

gou wu qing dan

aukioloajat

kai fang shi jian

lompakko

qian bao

luottokortti

xin yong ka

kassi

dai zi

muovipussi

su liao dai

vesi

shui

mehu

guo zhi

maito

niu nai

kokis

ke le

viini

hong jiu

olut

pi jiu

alkoholi

jiu

kaakao

ke ke

tee

cha

kahvi

ka fei

espresso

yi shi nong suo ka fei

cappuccino

ka bu qi nuo

banaani

xiang jiao

omena

ping guo

appelsiini

cheng zi

meloni

xi gua

sitruuna

ning meng

porkkana

hu luo bo

valkosipuli

da suan

bambu

zhu zi

sipuli

yang cong

sieni

mo gu

pähkinät

jian guo

spagetti

mian tiao

spagetti

yi da li mian tiao

riisi

mi fan

salaatti

sha la

ranskalaiset

shu tiao

paistetut perunat

zha tu dou

pitsa

pi sa bing

hampurilainen

han bao bao

voileipä

san ming zhi

leike

zha zhu pai

kinkku

huo tui

salami

sa la mi

makkara

xiang chang

kana

ji rou

paisti

kao rou

kala

yu

kaurahiutaleet	mysli	murot
yan mai pian	mu zi li	yu mi pian

jauho	voisarvi	sämpylä
mian fen	yang jiao mian bao	mian bao juan
		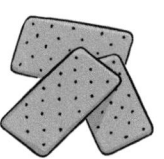
leipä	paahtoleipä	keksit
mian bao	kao mian bao	bing gan

voi	rahka	kakku
huang you	ning ru	dan gao
		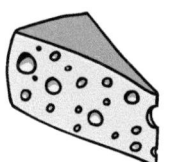
kananmuna	paistettu kananmuna	juusto
dan	jian dan	nai lao

jäätelö

bing ji lin

sokeri

tang

hunaja

feng mi

hillo

guo jiang

suklaapähkinälevite

qiao ke li jiang

curry

ga li fan

maatila
nong chang

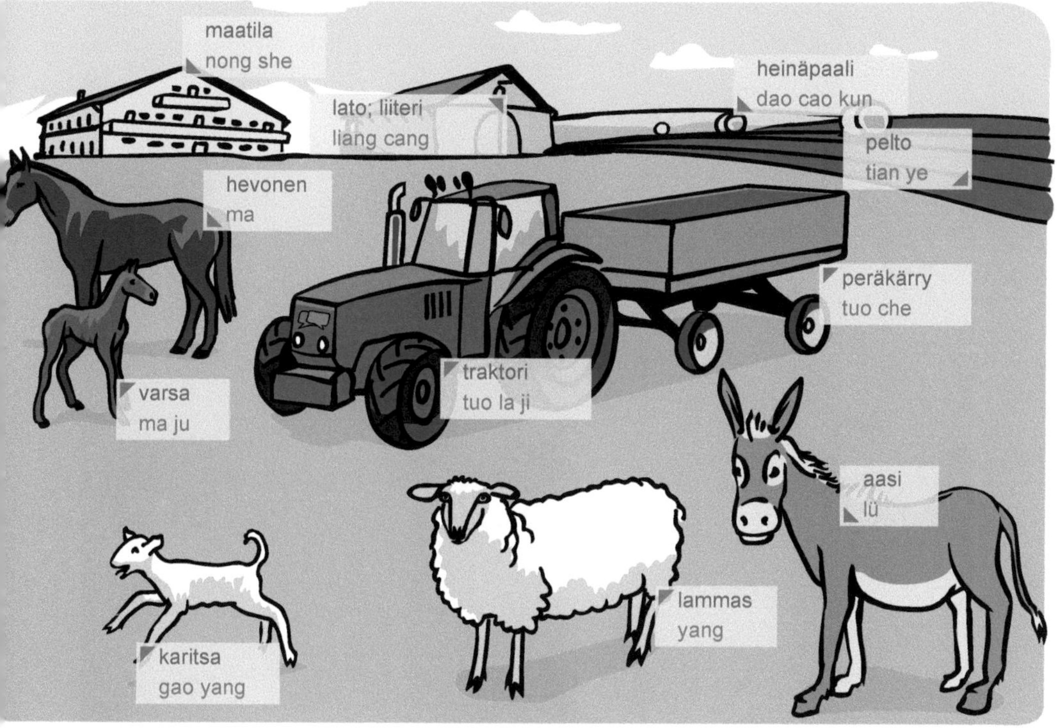
maatila
nong she
lato; liiteri
liang cang
heinäpaali
dao cao kun
pelto
tian ye
hevonen
ma
peräkärry
tuo che
traktori
tuo la ji
varsa
ma ju
aasi
lü
lammas
yang
karitsa
gao yang

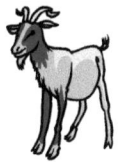

vuohi

shan yang

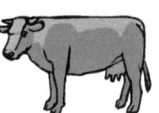

lehmä

nai niu

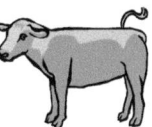

vasikka

niu du

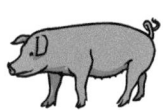

sika

zhu

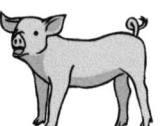

porsas

xiao zhu

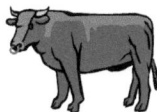

sonni

gong niu

hanhi

e

ankka

ya

tipu

xiao ji

kana

mu ji

kukko

gong ji

rotta

shu

kissa

mao

hiiri

lao shu

härkä

niu

koira

gou

koirankoppi

gou wu

puutarhaletku

hua yuan jiao shui ruan guan

kastelukannu

sa shui hu

viikate

chang bing da lian dao

aura

li

sirppi
lian dao

kuokka
chu tou

talikko
chang bing cao pa

kirves
fu tou

kottikärryt
du lun shou tui che

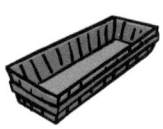

kaukalo
si liao cao

maitokannu
niu nai guan

säkki
ma bu dai

aita
zha lan

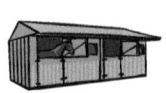

talli
ma jiu

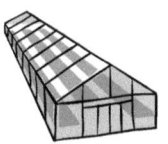

kasvihuone
wen shi

maa
tu rang

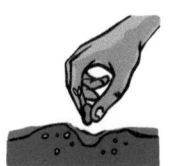

siemen
zhong zi

lannoite
fei liao

leikkuupuimuri
lian he shou ge ji

kerätä sato

shou ge

sato

shou ge

jamssit

shan yao

vehnä

xiao mai

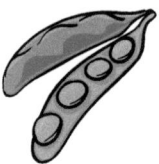

soija

da dou

peruna

tu dou

maissi

yu mi

rypsi

you cai zi

hedelmäpuu

guo shu

maniokki

shu shu

vilja

gu wu

talo
fang zi

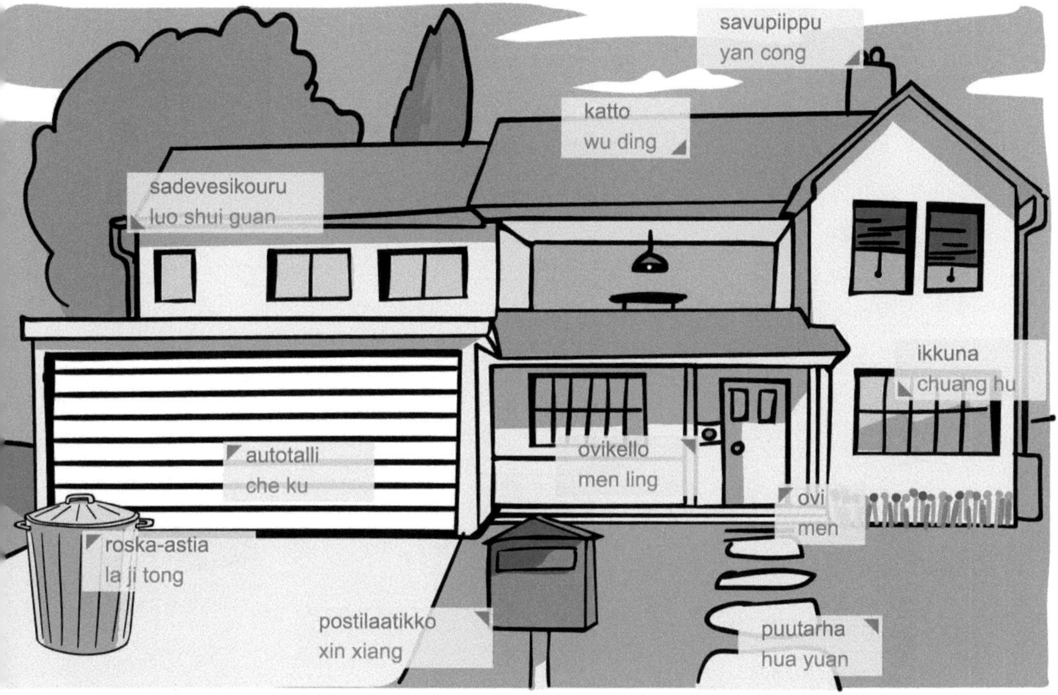

savupiippu
yan cong
katto
wu ding
sadevesikouru
luo shui guan
ikkuna
chuang hu
autotalli
che ku
ovikello
men ling
ovi
men
roska-astia
la ji tong
postilaatikko
xin xiang
puutarha
hua yuan

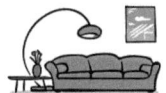

olohuone

ke ting

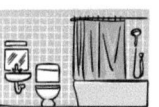

kylpyhuone

yu shi

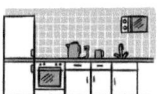

keittiö

chu fang

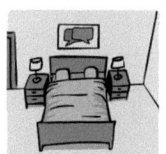

makuuhuone

wo shi

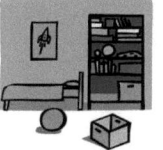

lastenhuone

er tong fang

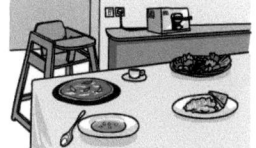

ruokahuone

can ting

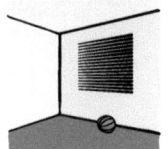

lattia

di ban

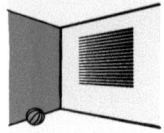

seinä

qiang bi

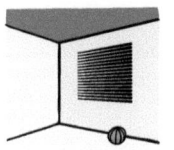

katto

diao ding

kellari

di jiao

sauna

sang na

parveke

yang tai

terassi

lu tai

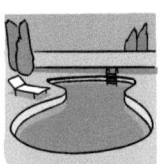

uima-allas

you yong chi

ruohonleikkuri

ge cao ji

lakana

bei dan

päiväpeitto

chuang zhao

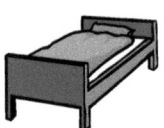

sänky

chuang

harja

sao zhou

ämpäri

shui tong

katkaisin

kai guan

olohuone
ke ting

tapetti
bi zhi
kuva
zhao pian
lamppu
tai deng
hylly
ge jia
kaappi
chu gui
televisio
dian shi ji
takka
bi lu
kukka
hua
tyyny
dian zi
sohva
sha fa
maljakko
hua ping
kaukosäädin
yao kong qi

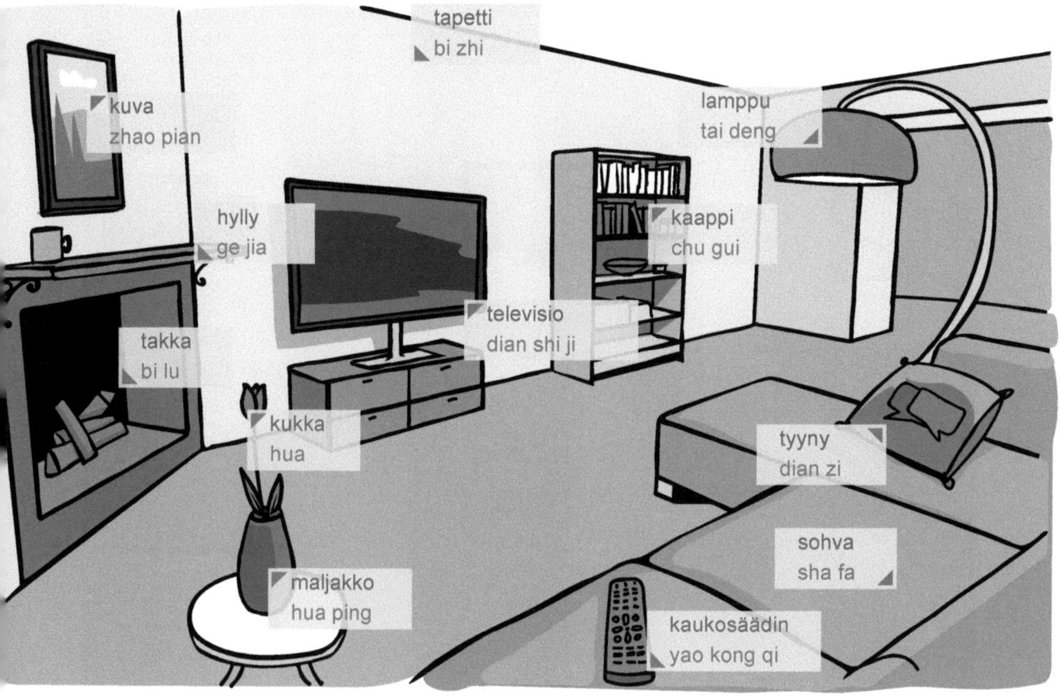

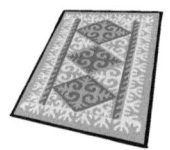

matto

di tan

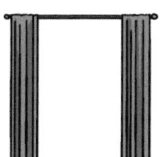

verho

chuang lian

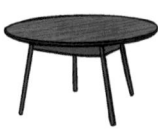

pöytä

can zhuo

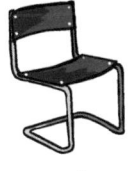

tuoli

yi zi

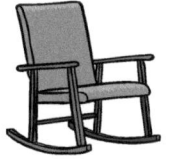

keinutuoli

yao yi

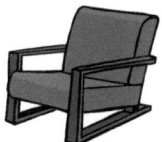

nojatuoli

fu shou yi

kirja

shu

peitto

tan zi

koriste

zhuang shi pin

polttopuut

mu chai

elokuva

dian ying

stereot

gao bao zhen yin xiang

avain

yao shi

sanomalehti

bao zhi

maalaus

you hua

juliste

hai bao

radio

shou yin ji

muistivihko

bi ji ben

pölynimuri

xi chen qi

kaktus

xian ren zhang

kynttilä

la zhu

keittiö
chu fang

jääkaappi
bing xiang
mikroaaltouuni
wei bo lu
keittiövaaka
chu fang cheng
leivänpaahdin
kao mian bao ji
pesuaine
xi jie jing
leivinuuni
kao xiang
pakastinlokero
bing gui
roska-astia
la ji tong
astianpesukone
xi wan ji

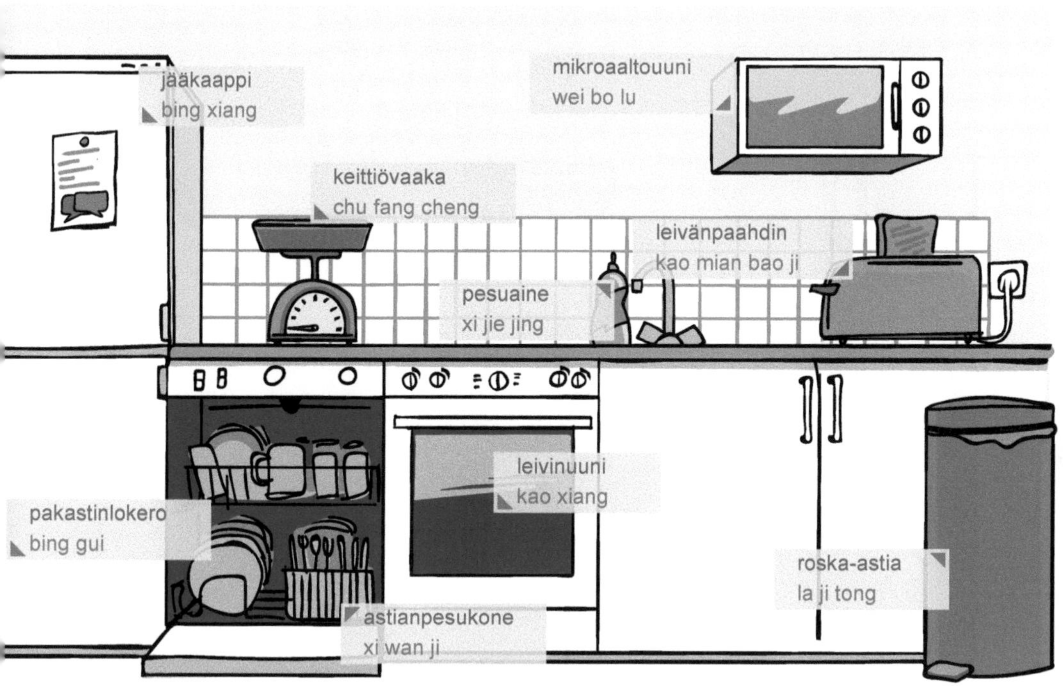

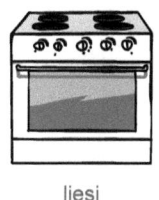

liesi

chui ju

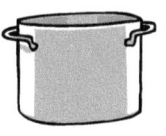

kattila

guo

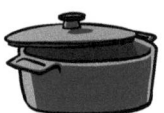

rautapata

zhu tie guo

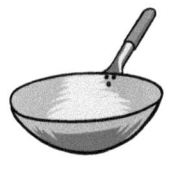

vokkipannu / kadai-pannu

sha guo

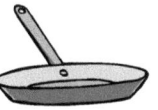

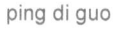

paistinpannu

ping di guo

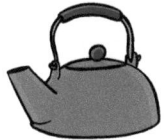

teepannu

shui hu

höyrykeitin

zheng guo

uunipelti

kao pan

astiat

tao ci guo

muki

ma ke bei

kulho

wan

syömäpuikot

kuai zi

kauha

chang bing shao

paistinlasta

chan zi

vispilä

jiao ban qi

siivilä

lü wang

siivilä

shai zi

raastin

mo sui ji

mortteli

yan bo

grilli

shao kao

avotuli

ming huo

leikkuulauta

cai ban

kaulin

gan mian zhang

korkinavaaja

kai ping qi

purkki

guan zi

purkinavaaja

kai ping qi

pannulappu

ge re shou tao

lavuaari

shui cao

tiskiharja

shua zi

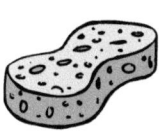

pesusieni

hai mian

tehosekoitin

jiao ban ji

pakastin

leng cang xiang

tuttipullo

nai ping

vesihana

shui long tou

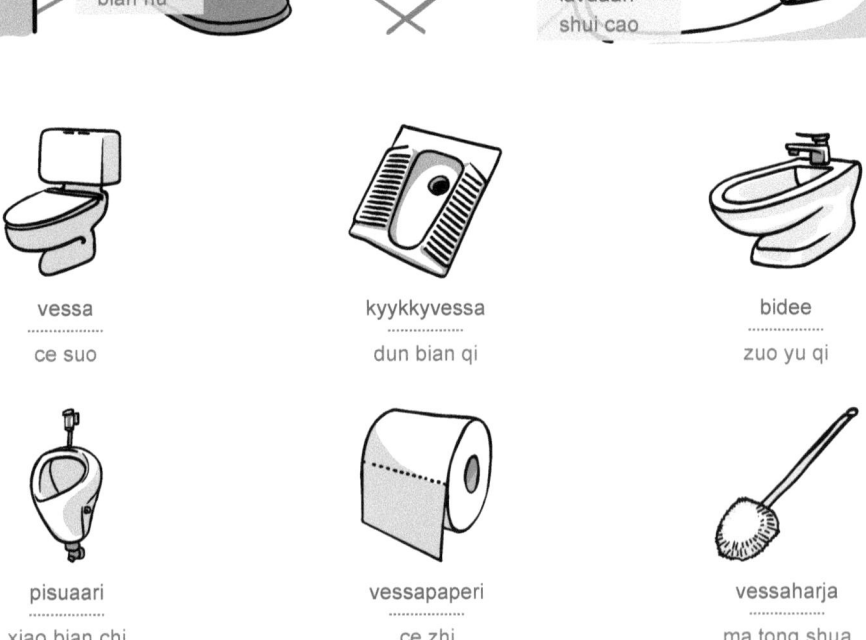

kylpyhuone

yu shi

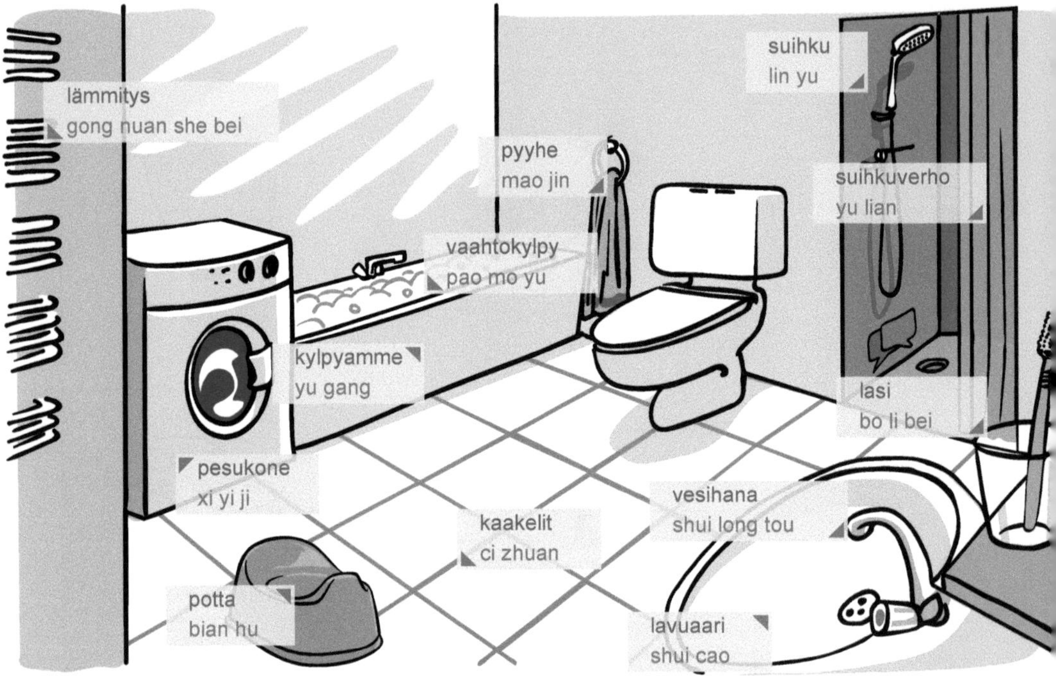

lämmitys
gong nuan she bei
pyyhe
mao jin
suihku
lin yu
suihkuverho
yu lian
vaahtokylpy
pao mo yu
kylpyamme
yu gang
lasi
bo li bei
pesukone
xi yi ji
vesihana
shui long tou
kaakelit
ci zhuan
potta
bian hu
lavuaari
shui cao

vessa

ce suo

kyykkyvessa

dun bian qi

bidee

zuo yu qi

pisuaari

xiao bian chi

vessapaperi

ce zhi

vessaharja

ma tong shua

hammasharja

ya shua

hammastahna

ya gao

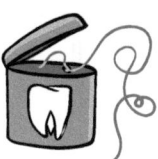

hammaslanka

ya xian

pestä

xi

käsisuihku

shou chi shi pen lin tou

intiimisuihku

chong xi qi

pesuvati

xi lian pen

selkäharja

ca bei shua

saippua

fei zao

suihkugeeli

mu yu lu

shampoo

xi fa shui

pesulappu

fa lan rong

viemäri

pai shui

voide

ru shuang

deodorantti

chu chou ji

peili

jing zi

käsipeili

shou jing

partaveitsi

ti xu dao

partavaahto

ti xu pao mo

partavesi

xu hou shui

kampa

shu zi

harja

shua zi

hiustenkuivaaja

chui feng ji

hiuslakka

pen fa ding xing ji

meikki

hua zhuang pin

huulipuna

chun gao

kynsilakka

zhi jia you

pumpuli

hua zhuang mian

kynsisakset

zhi jia jian

hajuvesi

xiang shui

kosmetiikkalaukku

xi shu bao

jakkara

deng zi

vaaka

ji zhong cheng

kylpytakki

yu pao

kumihansikkaat

xiang jiao shou tao

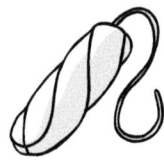

tamponi

wei sheng mian tiao

terveysside

wei sheng jin

kemiallinen wc

hua xue ce suo

lastenhuone

er tong fang

herätyskello
nao zhong
pehmolelu
mao rong wan ju
leikkiauto
wan ju che
helistin
bo lang gu
nukkekoti
wan ju wu
lahja
li wu

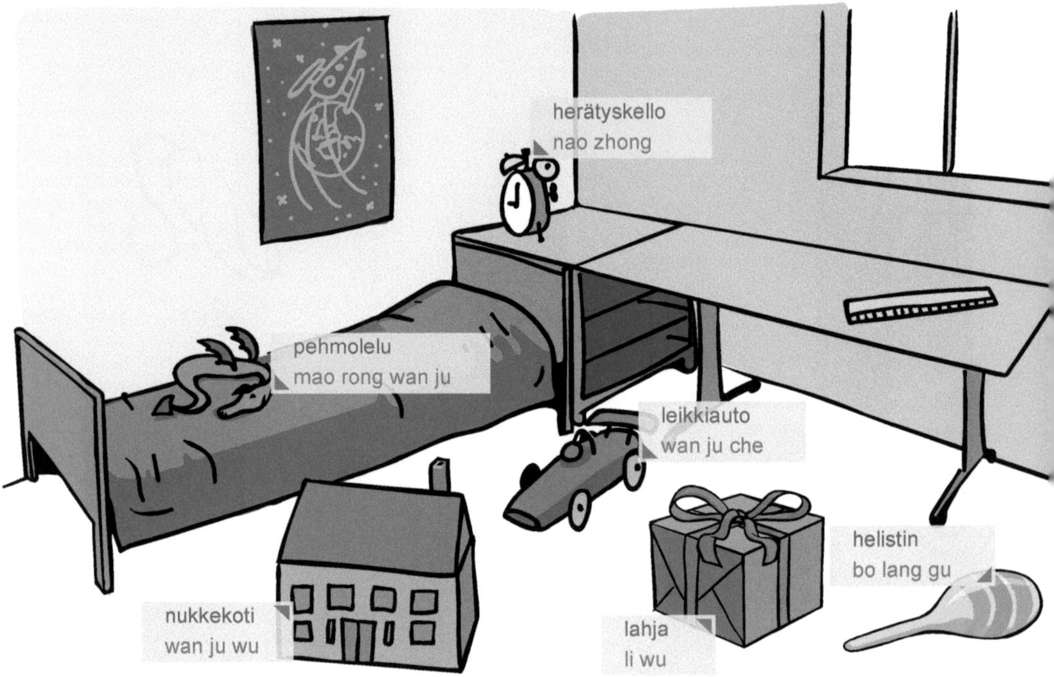

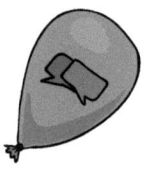

ilmapallo

qi qiu

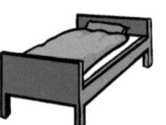

sänky

chuang

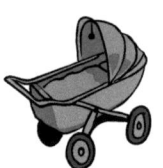

lastenvaunut

(yang wa wa yong)ying er che

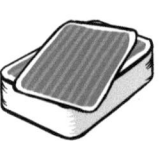

korttipeli

pu ke pai

palapeli

pin tu

SUPER
MEGA

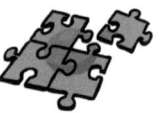

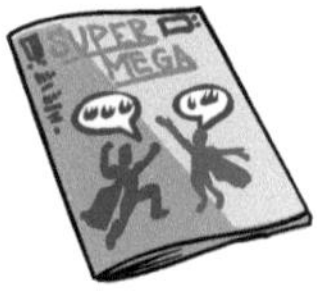

sarjakuva

man hua

legopalikat

le gao ji mu

rakennuspalikat

ji mu wan ju

supersankari

wan ju ren

potkupuku

ying er fu

frisbee

fei pan

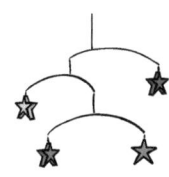

mobile

chuang ling wan ju

lautapeli

qi pan you xi

noppa

shai zi

pienoisjunarata

huo che mo xing

tutti

an fu nai zui

juhlat

ju hui

kuvakirja

hui ben

pallo

qiu

nukke

yang wa wa

leikkiä

wan

hiekkalaatikko

sha keng

keinu

qiu qian

lelut

wan ju

pelikonsoli

you xi ji

kolmipyörä

san lun che

nalle

tai di xiong

vaatekaappi

yi chu

vaatteet

yi fu

sukat

wa zi

nylonsukat

chang wa

sukkahousut

jin shen ku

kaulaliina
wei jin

vyö
pi dai

sateenvarjo
yu san

t-paita
T xu

lenkkarit
yun dong xie

saappaat
xue zi

sisätossut
tuo xie

sandaalit
liang xie

kengät
xie

kumisaappaat
yu xue

alushousut
nei ku

rintaliivit
xiong zhao

aluspaita
bei xin

body

shen ti

housut

ku zi

farkut

niu zai ku

hame

duan qun

pusero

nü shi chen shan

paita

chen shan

villapaita

tao tou shan

collegepaita

wei yi

jakku

xi zhuang jia ke

takki

jia ke

takki

wai tao

sadetakki

yu yi

puku

tao zhuang

mekko

lian yi qun

hääpuku

hun sha

puku

xi zhuang

yöpaita

shui pao

pyjama

shui yi

shari

sha li

päähuivi

tou jin

turbaani

bao tou jin

burka

bo ka

kaftaani

ka fu tan

abaya

(a la bo shi)chang pao

uimapuku

yong yi

uimahousut

nan shi yong ku

shortsit

duan ku

verkkarit

yun dong fu

esiliina

wei qun

käsineet

shou tao

nappi

niu kou

silmälasit

yan jing

rannekoru

shou lian

kaulakoru

xiang lian

sormus

jie zhi

korvakoru

er huan

lippalakki

bian mao

ripustin

yi jia

hattu

mao zi

solmio

ling dai

vetoketju

la lian

kypärä

tou kui

henkselit

bei dai

koulupuku

xiao fu

univormu

zhi fu

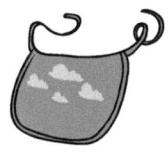

ruokalappu

wei dou

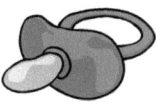

tutti

an fu nai zui

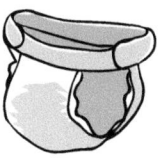

vaippa

niao bu shi

toimisto

ban gong shi

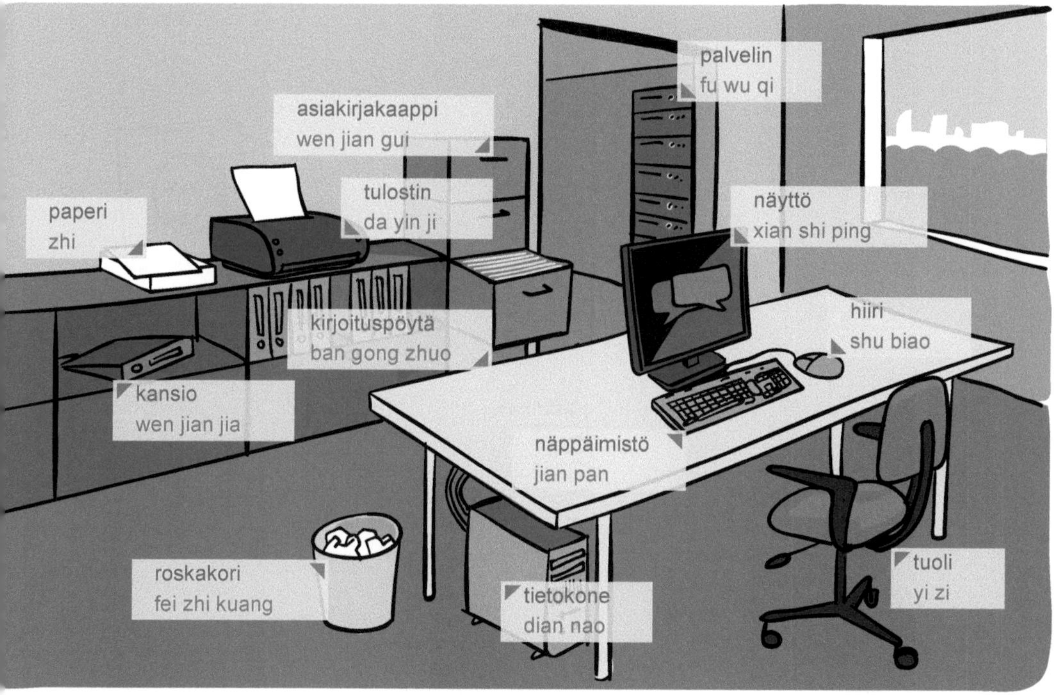

palvelin
fu wu qi
asiakirjakaappi
wen jian gui
tulostin
da yin ji
paperi
zhi
näyttö
xian shi ping
hiiri
shu biao
kirjoituspöytä
ban gong zhuo
kansio
wen jian jia
näppäimistö
jian pan
roskakori
fei zhi kuang
tietokone
dian nao
tuoli
yi zi

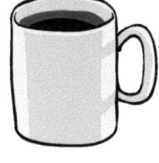

kahvimuki

ka fei bei

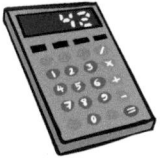

taskulaskin

ji suan qi

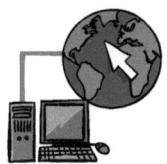

internet

yin te wang

kannettava tietokone

bi ji ben dian nao

kirje

xin jian

viesti

xiao xi

kännykkä

shou ji

verkko

wang luo

kopiokone

fu yin ji

ohjelmisto

ruan jian

puhelin

dian hua

pistorasia

cha zuo

faksi

chuan zhen ji

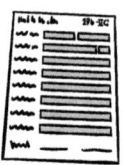

lomake

biao ge

asiakirja

wen jian

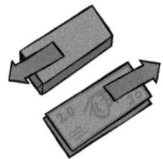

ostaa

mai

maksaa

fu qian

vaihtaa

jiao yi

raha

xian jin

dollari

mei yuan

euro

ou yuan

jeni

ri yuan

rupla

lu bu

frangi

rui shi fa lang

renminbi juan

ren min bi

rupia

lu bi

pankkiautomaatti

ti kuan chu

rahanvaihto

wai bi dui huan chu

kulta

jin

hopea

yin

öljy

shi you

energia

neng yuan

hinta

jia ge

sopimus

he tong

vero

shui jin

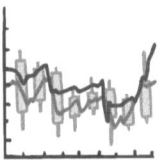

osake

gu piao

työskennellä

gong zuo

työntekijä

zhi yuan

työnantaja

lao ban

tehdas

gong chang

liike

shang dian

ammatit
zhi ye

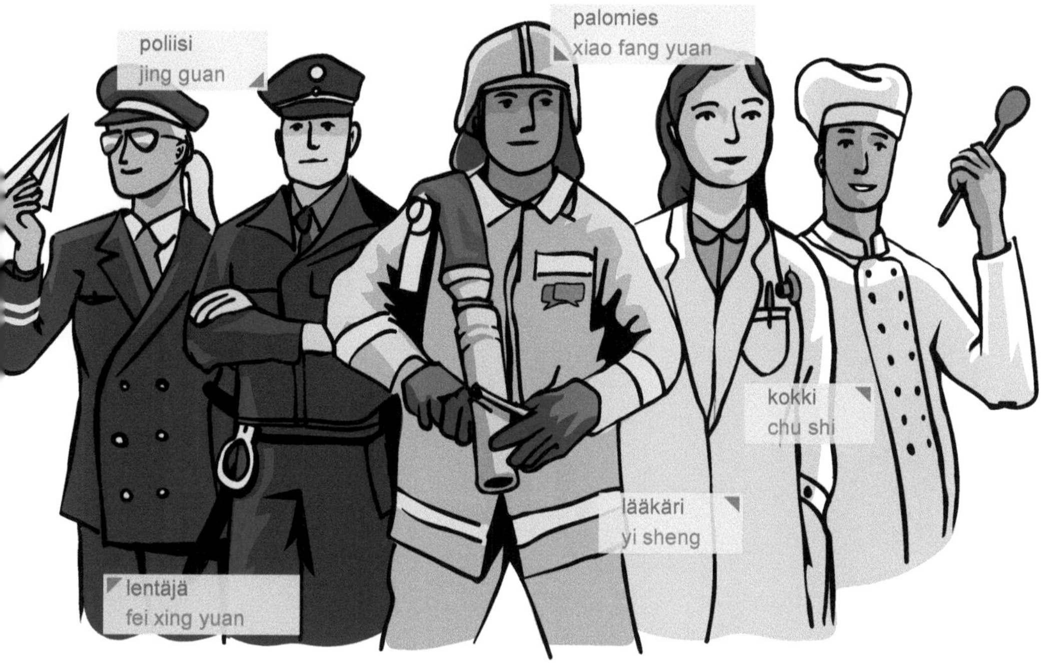
palomies
xiao fang yuan
poliisi
jing guan
kokki
chu shi
lääkäri
yi sheng
lentäjä
fei xing yuan

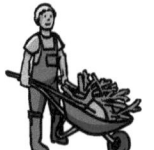

puutarhuri
yuan ding

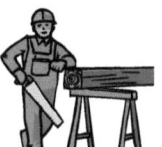

puuseppä
mu jiang

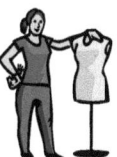

ompelija
cai feng

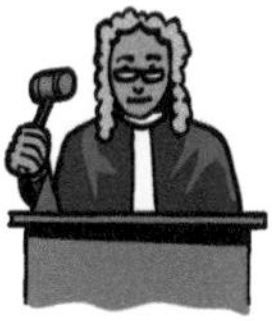

tuomari
fa guan

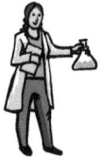

kemisti
hua xue jia

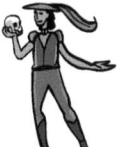

näyttelijä
yan yuan

linja-autonkuljettaja

gong jiao che si ji

taksinkuljettaja

chu zu che si ji

kalastaja

yu fu

siivooja

qing jie nü gong

katontekijä

wu ding gong

tarjoilija

fu wu yuan

metsästäjä

lie ren

maalari

hua jia

leipuri

mian bao shi

sähköasentaja

dian gong

rakentaja

jian zhu gong ren

insinööri

gong cheng shi

teurastaja

tu fu

putkiasentaja

shui guan gong

postinjakaja

you di yuan

sotilas

shi bing

arkkitehti

jian zhu shi

kassanhoitaja

shou yin yuan

floristi

hua nong

kampaaja

li fa shi

konduktööri

shou piao yuan

mekaanikko

ji xie shi

kapteeni

chuan zhang

hammaslääkäri

ya yi

tiedemies

ke xue jia

rabbi

la bi

imaami

yi ma mu

munkki

he shang

pappi

mu shi

työkalut
gong ju

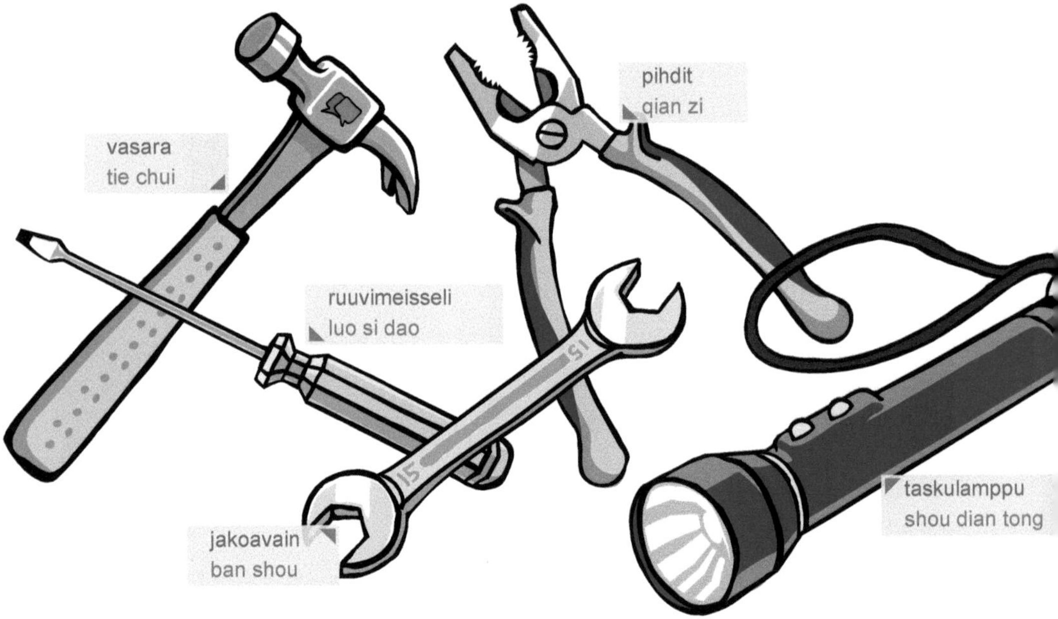
vasara
tie chui
pihdit
qian zi
ruuvimeisseli
luo si dao
jakoavain
ban shou
taskulamppu
shou dian tong

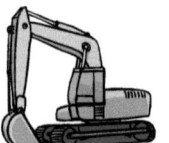

kaivinkone

wa jue ji

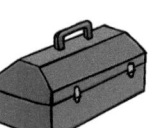

työkalupakki

gong ju xiang

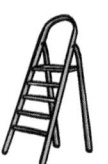

tikkaat

ti zi

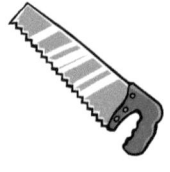

saha

ju zi

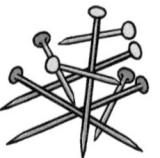

naulat

ding zi

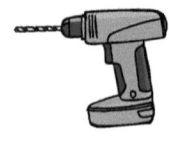

pora

zuan ji

korjata
xiu

lapio
chan zi

Hitto!
kao!

rikkalapio
bo ji

maalipurkki
you qi tong

ruuvit
luo si

soittimet
yue qi

rummut
da ji yue qi

kaiuttimet
yang sheng qi

kitara
ji ta

kontrabasso
di yin ti qin

trumpetti
xiao hao

piano

gang qin

viulu

xiao ti qin

basso

bei si

patarummut

ding yin gu

rumpu

gu

kosketinsoitin

dian zi qin

saksofoni

sa ke si guan

huilu

chang di

mikrofoni

mai ke feng

eläintarha

dong wu yuan

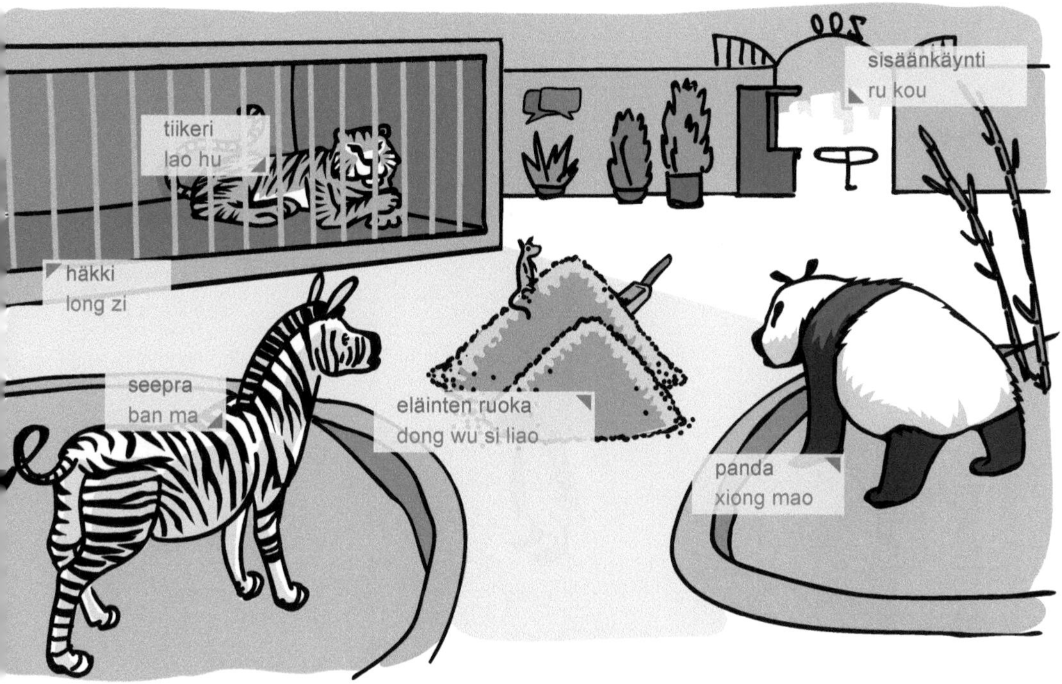

zoo
sisäänkäynti
ru kou
tiikeri
lao hu
häkki
long zi
seepra
ban ma
eläinten ruoka
dong wu si liao
panda
xiong mao

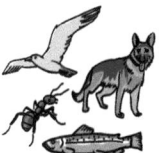

eläimet

dong wu

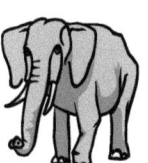

norsu

da xiang

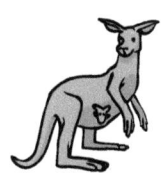

kenguru

dai shu

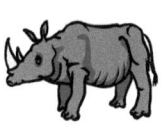

sarvikuono

xi niu

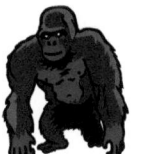

gorilla

da xing xing

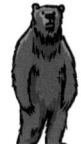

karhu

xiong

kameli

luo tuo

strutsi

tuo niao

leijona

shi zi

apina

hou zi

flamingo

huo lie niao

papukaija

ying wu

jääkarhu

bei ji xiong

pingviini

qi e

hai

sha yu

riikinkukko

kong que

käärme

she

krokotiili

e yu

eläintarhanhoitaja

dong wu yuan guan li yuan

hylje

hai bao

jaguaari

mei zhou bao

poni

ai zhong ma

leopardi

bao

virtahepo

he ma

kirahvi

chang jing lu

kotka

lao ying

villisika

ye zhu

kala

yu

kilpikonna

gui

mursu

hai xiang

kettu

hu li

gaselli

ling yang

amerikkalainen jalkapallo
gan lan qiu

pyöräily
qi zi xing che

tennis
wang qiu

koripallo
lan qiu

uinti
you yong

nyrkkeily
quan ji

jääkiekko
bing qiu

jalkapallo
ying shi zu qiu

sulkapallo
yu mao qiu

yleisurheilu
tian jing

käsipallo
shou qiu

hiihto
hua xue

poolo
ma qiu

nauraa
xiao

hypätä
tiao

halata
yong bao

kävellä
zou lu

laulaa
chang

unelmoida
zuo meng

rukoilla
qi dao

suudella
qin wen

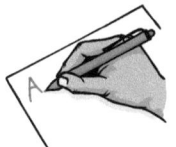

kirjoittaa

shu xie

piirtää

hua

näyttää

zhan shi

painaa

tui

antaa

gei

ottaa

na

omistaa

you

tehdä

zuo

olla

dang

seisoa

zhan

juosta

pao

vetää

la

heittää

reng

kaatua

shuai dao

maata

tang

odottaa

deng dai

kantaa

xie dai

istua

zuo

pukeutua

chuan yi

nukkua

shui jiao

herätä

xing lai

katsoa

kan

itkeä

ku

silittää

fu mo

kammata

shu tou

puhua

jiao tan

ymmärtää

ming bai

kysyä

wen

kuunnella

ting

juoda

he

syödä

chi

siivota

qing li

rakastaa

ai

keittää

zuo fan

ajaa

kai che

lentää

fei

purjehtia

hang xing

laskea

ji suan

lukea

du

oppia

xue xi

työskennellä

gong zuo

mennä naimisiin

jie hun

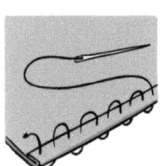

ommella

feng

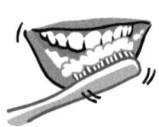

pestä hampaat

shua ya

tappaa

sha

tupakoida

chou yan

lähettää

ji

mummo
zu mu

ukki
zu fu

isä
fu qin

äiti
mu qin

vauva
ying tong

tytär
nü er

poika
er zi

vieras

ke ren

täti

a yi

setä

shu shu

veli

xiong di

sisko

jie mei

vartalo

shen ti

otsa
qian e
silmä
yan jing
olkapää
jian bang
sormet
shou zhi
kasvot
lian
leuka
xia ba
käsi
shou
jalka
tui
rinta
ru fang
käsivarsi
shou bi

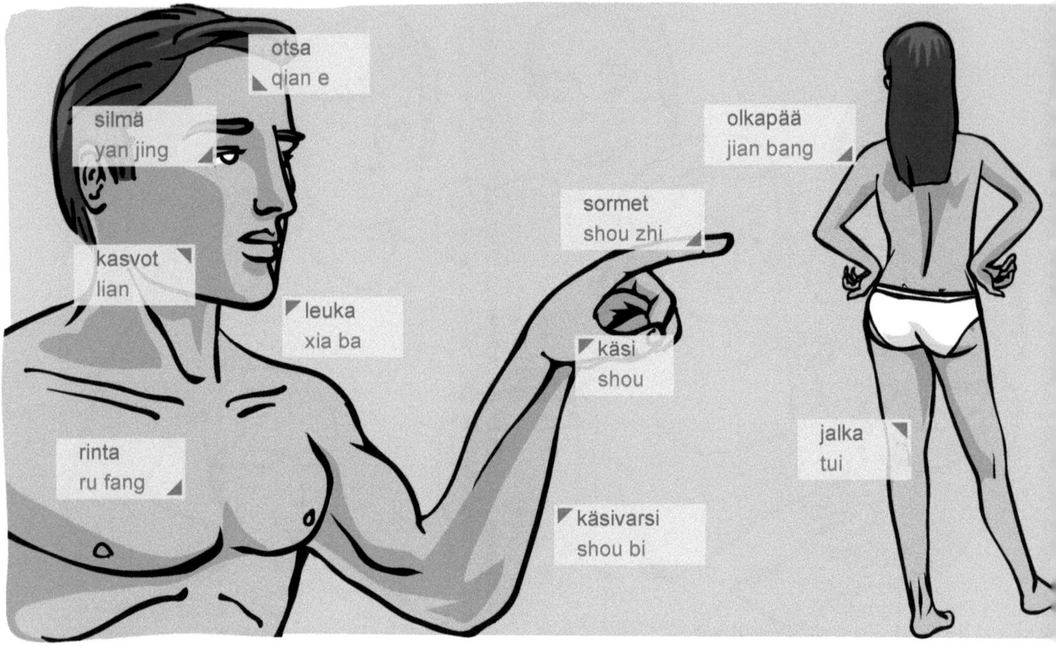

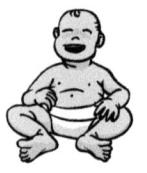

vauva

ying tong

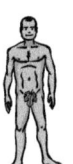

mies

nan ren

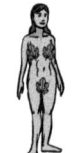

nainen

nü ren

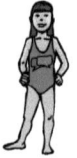

tyttö

nü hai

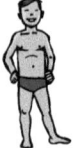

poika

nan hai

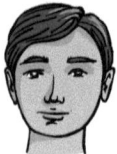

pää

tou

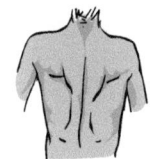

selkä

bei bu

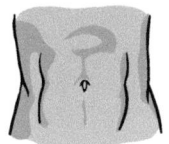

maha

du zi

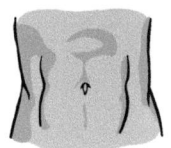

napa

du qi

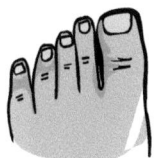

varvas

jiao zhi

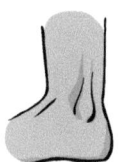

kantapää

jiao hou gen

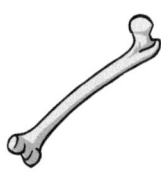

luu

gu tou

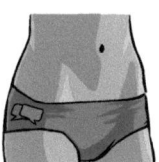

lantio

tun bu

polvi

xi gai

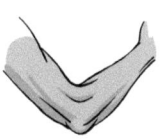

kyynärpää

shou zhou

nenä

bi zi

takapuoli

pi gu

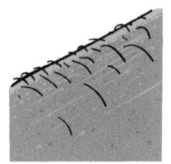

iho

pi fu

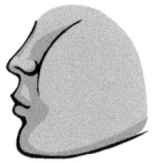

poski

lian jia

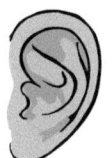

korva

er duo

huuli

zui chun

suu

zui

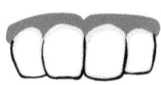

hammas

ya chi

kieli

she tou

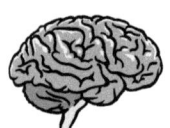

aivot

nao

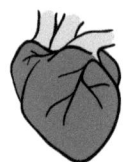

sydän

xin zang

lihas

ji rou

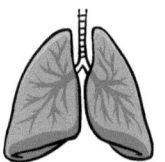

keuhkot

fei

maksa

gan zang

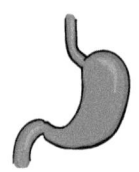

vatsa

wei

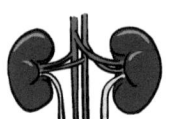

munuaiset

shen zang

seksi

xing jiao

kondomi

bi yun tao

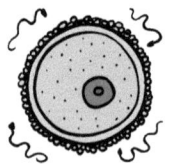

munasolu

luan zi

sperma

jing zi

raskaus

huai yun

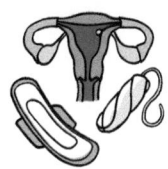

kuukautiset

yue jing

vagina

yin dao

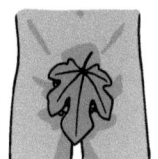

penis

yin jing

kulmakarvat

mei mao

hiukset

tou fa

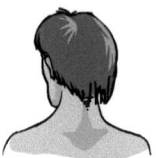

niska

bo zi

sairaala
yi yuan

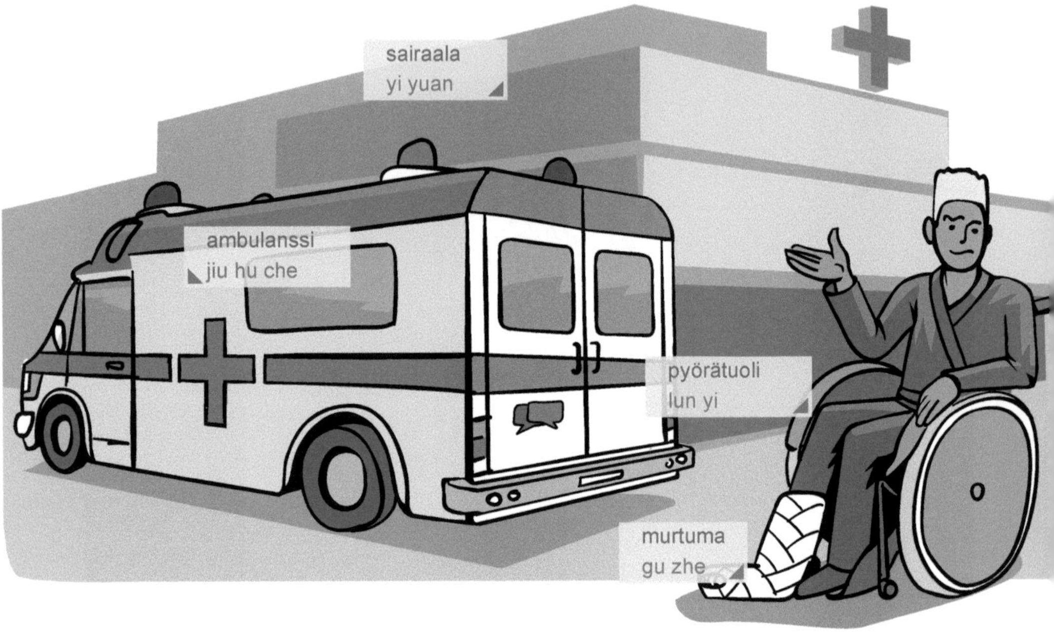

sairaala
yi yuan
ambulanssi
jiu hu che
pyörätuoli
lun yi
murtuma
gu zhe

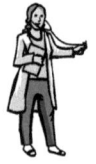

lääkäri

yi sheng

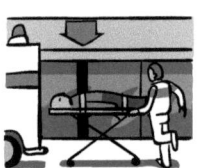

ensiapu

ji zhen shi

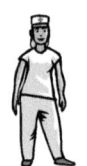

sairaanhoitaja

hu shi

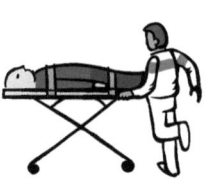

hätätilanne

jin ji qing kuang

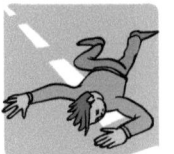

tajuton

hun mi

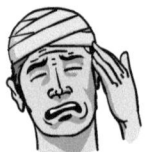

kipu

tong

vamma

shou shang

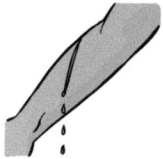

verenvuoto

chu xue

sydänkohtaus

xin zang bing fa zuo

aivoinfarkti

zhong feng

allergia

guo min

yskä

ke sou

kuume

fa shao

flunssa

liu gan

ripuli

fu xie

päänsärky

tou tong

syöpä

ai zheng

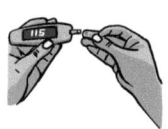

diabetes

tang niao bing

kirurgi

wai ke yi sheng

veitsi

shou shu dao

leikkaus

shou shu

ct
CT

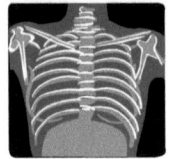

röntgen
X guang

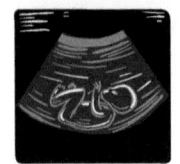

ultraääni
chao sheng bo

maski
kou zhao

sairaus
ji bing

odotushuone
hou zhen shi

sauva
guai zhang

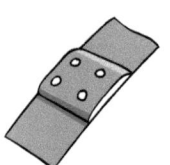

laastari
shi gao

side
beng dai

pistos
zhu she

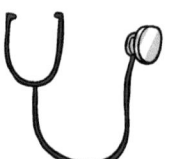

stetoskooppi
ting zhen qi

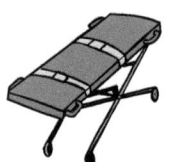

paarit
dan jia

kuumemittari
ti wen ji

syntymä
chu sheng

ylipaino
chao zhong

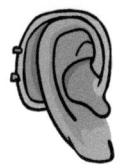

kuulolaite

zhu ting qi

desinfiointiaine

xiao du ye

infektio

gan ran

virus

bing du

HIV / AIDS

ai zi bing

lääke

yao wu

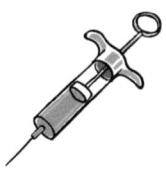

rokotus

jie zhong yi miao

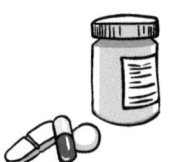

tabletit

yao pian

pilleri

yao wan

hätäpuhelu

ji jiu dian hua

verenpainemittari

xue ya ji

sairas / terve

sheng bing/jian kang

Apua!

jiu ming!

hälytys

jing bao

ryöstö

tu ji

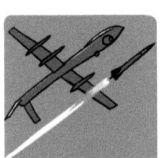

hyökkäys

gong ji

vaara

wei xian

hätäuloskäynti

jin ji chu kou

Tulipalo!

zhao huo la!

palosammutin

mie huo qi

onnettomuus

yi wai

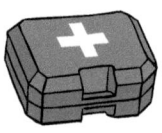

ensiapulaukku

ji jiu xiang

SOS

hu jiu xin hao

poliisilaitos

jing cha

Eurooppa

ou zhou

Pohjois-Amerikka

bei mei zhou

Etelä-Amerikka

nan mei zhou

Afrikka

fei zhou

Aasia

ya zhou

Australia

ao zhou

Atlantin valtameri

da xi yang

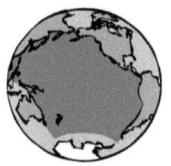

Tyynimeri

tai ping yang

Intian valtameri

yin du yang

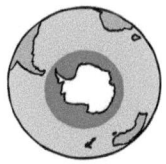

Eteläinen jäämeri

nan bing yang

Pohjoinen jäämeri

bei bing yang

pohjoisnapa

bei ji

etelänapa

nan ji

Antarktis

nan ji zhou

maa

di qiu

maa

lu di

meri

hai

saari

dao

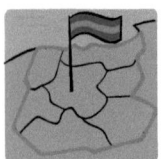

kansa

guo jia

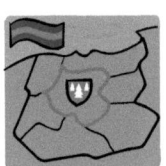

osavaltio

guo jia

kellotaulu

zhong mian

tuntiviisari

shi zhen

minuuttiviisari

fen zhen

sekuntiviisari

miao zhen

Paljonko kello on?

xian zai ji dian?

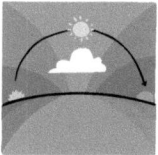

päivä

tian

aika

shi jian

nyt

xian zai

digitaalikello

dian zi biao

minuutti

fen

tunti

shi

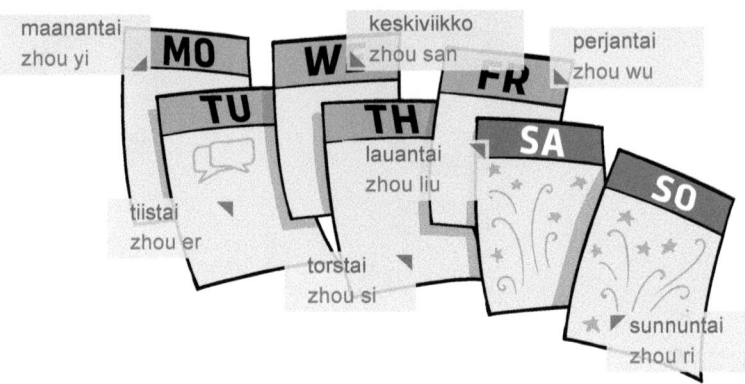

maanantai
zhou yi

keskiviikko
zhou san

perjantai
zhou wu

tiistai
zhou er

torstai
zhou si

lauantai
zhou liu

sunnuntai
zhou ri

eilen

zuo tian

tänään

jin tian

huomenna

ming tian

aamu

zao chen

keskipäivä

zhong wu

ilta

wan shang

työpäivät

gong zuo ri

viikonloppu

zhou mo

vuosi
nian

sade
yu
sateenkaari
cai hong
tuuli
feng
lumi
xue
kevät
chun
kesä
xia
syksy
qiu
talvi
dong

4.APRIL 11°
5.APRIL 4°
6.APRIL 13°
7.APRIL 8°
8.APRIL 10°

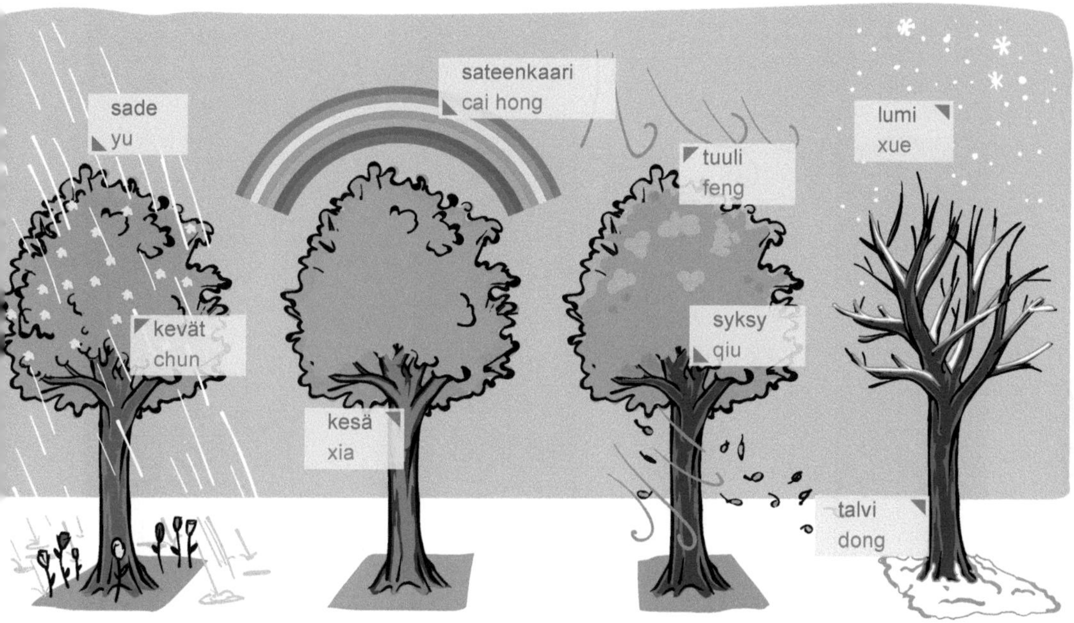

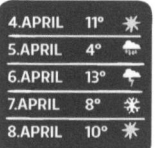

sääennuste

tian qi yu bao

F C
120 90 60 30 0 -30
40 30 20 10 0 -10 -20

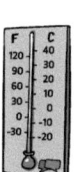

lämpömittari

wen du ji

auringonpaiste

yang guang

pilvi

yun

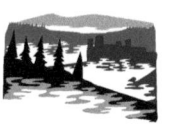

sumu

wu

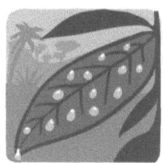

ilmankosteus

chao shi

salama

shan dian

ukkonen

da lei

myrsky

feng bao

rae

bing bao

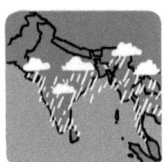

monsuuni

ji feng

tulva

hong shui

jää

bing

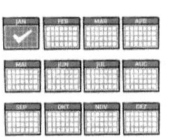

tammikuu

yi yue

helmikuu

er yue

maaliskuu

san yue

huhtikuu

si yue

toukokuu

wu yue

kesäkuu

liu yue

heinäkuu

qi yue

elokuu

ba yue

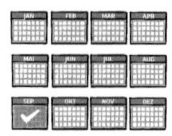

syyskuu

jiu yue

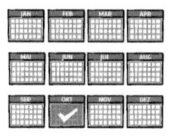

lokakuu

shi yue

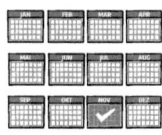

marraskuu

shi yi yue

joulukuu

shi er yue

muodot
xing zhuang

ympyrä

yuan xing

neliö

zheng fang xing

suorakulmio

chang fang xing

kolmio

san jiao xing

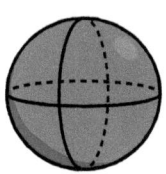

pallo

qiu ti

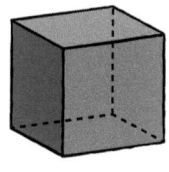

kuutio

li fang ti

valkoinen

bai

keltainen

huang

oranssi

cheng

vaaleanpunainen

fen

punainen

hong

violetti

zi

sininen

lan

vihreä

lü

ruskea

zong

harmaa

hui

musta

hei

paljon / vähän

hen duo/shao xu

vihainen / ystävällinen

sheng qi/ping jing

kaunis / ruma

mei/chou

alku / loppu

shou/wei

suuri / pieni

da/xiao

vaalea / tumma

ming/an

veli / sisko

xiong di/jie mei

puhdas / likainen

gan jing/ang zang

täydellinen / epätäydellinen

wan zheng/que shi

päivä / yö

bai tian/wan shang

kuollut / elävä

si/sheng

leveä / kapea

kuan/zhai

syötävä / syömäkelvoton

ke shi yong/fei shi yong

paha / kiltti

xie e/shan liang

innostunut / tylsistynyt

xing fen/wu liao

lihava / laiha

pang/shou

ensimmäinen / viimeinen

di yi/zui hou

ystävä / vihollinen

peng you/di ren

täysi / tyhjä

man/kong

kova / pehmeä

ying/ruan

painava / kevyt

zhong/qing

nälkä / jano

e/ke

sairas / terve

sheng bing/jian kang

laiton / laillinen

fei fa/he fa

älykäs / tyhmä

cong ming/yu ben

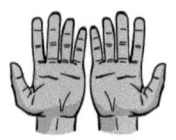

vasen / oikea

zuo/you

lähellä / kaukana

jin/yuan

uusi / käytetty

xin/jiu

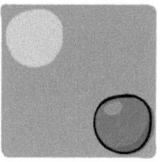

ei mitään / jotain

mei you/you xie

vanha / nuori

lao/you

päällä / pois päältä

kai/guan

auki / kiinni

da kai/he shang

hiljainen / äänekäs

an jing/chao nao

rikas / köyhä

fu/qiong

oikein / väärin

dui/cuo

karhea / sileä

cu cao/guang hua

surullinen / iloinen

shang xin/gao xing

lyhyt / pitkä

duan/chang

hidas / nopea

man/kuai

märkä / kuiva

shi/gan

lämmin / viileä

wen nuan/liang shuang

sota / rauha

zhan zheng/he ping

0

nolla

ling

1

yksi

yi

2

kaksi

er

3

kolme

san

4

neljä

si

5

viisi

wu

6

kuusi

liu

7

seitsemän

qi

8

kahdeksan

ba

9

yhdeksän

jiu

10

kymmenen

shi

11

yksitoista

shi yi

12

kaksitoista

shi er

13

kolmetoista

shi san

14

neljätoista

shi si

15

viisitoista

shi wu

16

kuusitoista

shi liu

17

seitsemäntoista

shi qi

18

kahdeksantoista

shi ba

19

yhdeksäntoista

shi jiu

20

kaksikymmentä

er shi

100

sata

bai

1.000

tuhat

qian

1.000.000

miljoona

bai wan

englanti

ying yu

amerikanenglanti

mei shi ying yu

mandariinikiina

pu tong hua

hindi

yin di yu

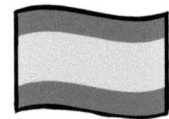

espanja

xi ban ya yu

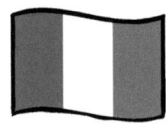

ranska

fa yu

arabia

a la bo yu

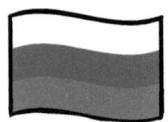

venäjä

e yu

portugali

pu tao ya yu

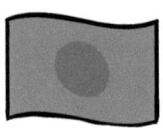

bengali

feng jia la yu

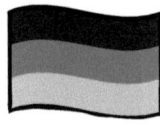

saksa

de yu

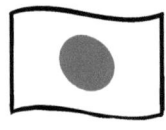

japani

ri yu

minä
wo

sinä
ni

hän
ta/ta/ta

me
wo men

te
ni men

he
ta men

kuka?
shei?

mitä / mikä?
shen me?

miten?
zen yang?

missä?
na li?

milloin?
shen me shi hou?

nimi
ming zi

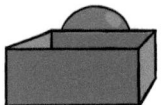

takana

hou mian

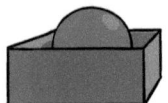

sisällä

li mian

edessä

qian mian

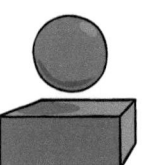

yläpuolella

shang fang

päällä

shang mian

alapuolella

xia mian

vieressä

pang bian

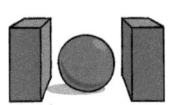

välissä

zhong jian

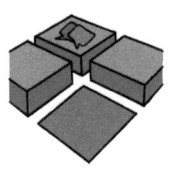

paikka

di dian